AF494313

Traité raisonné

DE LA

COUPE DES HABILLEMENS.

Quiconque débitera des Exemplaires qui ne seront pas signés de moi, sera poursuivi devant les tribunaux comme contrefacteur.

DE L'IMPRIMERIE DE KLEFER, A VERSAILLES.

TRAITÉ RAISONNÉ

DE LA

COUPE DES HABILLEMENS

PAR M. LEBON,

Ex-Marchand Tailleur de Paris,

BRÉVETÉ DU GOUVERNEMENT

POUR LA PERFECTION DE LA COUPE, APPROUVÉE PAR LE CONSEIL DES ARTS, ET ORDONNANCÉE PAR LE ROI.

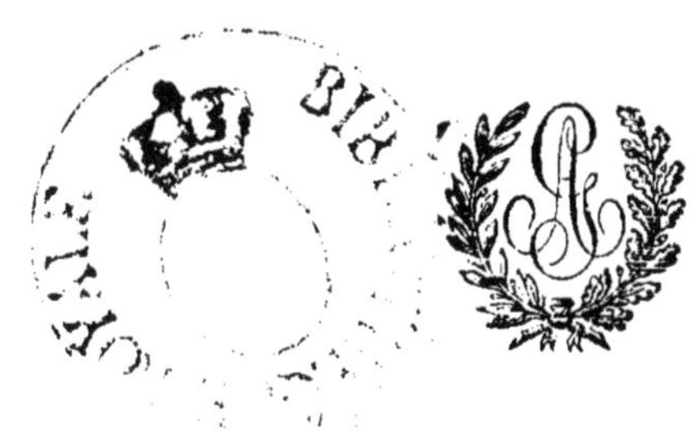

A PARIS,

CHEZ GARNIER, LIBRAIRE, AU PALAIS-ROYAL,
VIS-A-VIS LA COUR DES FONTAINES, N° 1,
ET RUE DES BONS-ENFANS, N° 17.

1833.

A MESSIEURS

LES

maîtres tailleurs

ET A TOUTES LES PERSONNES

Qui se mêlent de la Coupe des Habillemens.

La fortune s'envole et les talens restent.

MESSIEURS,

J'ai l'honneur de présenter à votre corps, le fruit de mon travail et de mes observations sur votre état; mon application constante à perfectionner la Coupe, m'en a développé les principes.

J'ai cru ne pouvoir mieux contribuer

au bien de votre corps, qu'en traitant la matière qui lui est propre dans cet Opuscule, que je soumets à vos connaissances; j'y donne une explication claire et précise de ce que l'expérience m'a appris, par le moyen de laquelle on peut former un élève à la Coupe, et le conduire de principes en principes à la perfection. Mon système est une voie sûre pour devenir bon Tailleur - Coupeur. Vous en jugerez, Messieurs, par les calculs, les proportions et les Tableaux ci-annexés, qui vous montreront comment je m'y suis pris pour obtenir une coupe régulière et parfaite d'Habits de toutes les grosseurs.

Mes recherches pour arriver à vous donner qnelque chose de positif et de durable, m'ont fait entreprendre un travail bien minutieux, demandant une grande patience que vous apprécierez en voyant mes Comptes-faits et mes Tableaux dessinés, qui vous donnent la facilité de couper vos Habits au systéme métrique, et qui règlent pour toujours la coupe des Habits, sans rien changer à vos habitudes; seulement l'augmentation et la diminution que nous y faisions à vue d'œil et à peu près quand nous voulions couper un Habit plus grand ou plus petit avec le même Modèle, on le fera à l'avenir avec sûreté, précision et promptitude, et avec mes Comptes-faits un petit compas. La Coupe est si minutieuse, que le plus exercé de nous s'y trompe quelquefois, pour ne pas dire souvent, ce qui nous obligeait de retoucher aux Habits qui ne faisait pas bien à nos pratiques. Mes Comptes-faits vous éviteront ce travail désagréable et coûteux, par la précision que vous donnerez à votre Coupe en y coupant au système métrique.

Puisse mon Ouvrage mériter votre suffrage! Mon zèle sera bien récompensé, si vous m'accordez votre estime et votre considération : c'est ma seule ambition.

Agréez, Messieurs, l'assurance du respect avec lequel,

J'ai l'honneur d'être,

Votre très-dévoué et obéissant
Serviteur,

AVANT-PROPOS.

Je réclame l'indulgence des personnes qui me liront; le Public ne doit pas s'attendre à trouver en moi un homme de lettres. A mon style, on reconnaîtra que je n'ai pu acquérir la perfection de la langue française, ne m'étant occupé jusqu'à l'âge de trente-huit ans que de l'état de Tailleur. Tous mes confrères savent que cet état absorbe tous les momens quand on y fait quelques affaires.

Je vais donc m'expliquer du mieux qu'il me sera possible sur la matière que je dois traiter dans l'Ouvrage nouveau que j'offre au Public, où je n'ai pour but que de me rendre utile à la Société entière, et recommandable au corps de l'état de Tailleur.

Parvenu à l'âge de quarante ans, après une longue pratique, dans la vue de l'utilité, je communique à mes Confrères les découvertes que j'ai faites en coupant. Mes Tableaux dessinés suppléeront à mon style, et convaincront mes Lecteurs, que, d'après mes principes, je m'acquittais mieux de donner une bonne tournure à un Modèle ou à un Habit, que d'écrire.

Lecteurs, je vous le répète, je suis Tailleur et non Auteur; jugez-moi sur le fond, j'ose me flatter d'obtenir vos suffrages; j'en appelle à vos connaissances, et je me repose sur votre indulgence.

DE L'ÉTAT
DE TAILLEUR.

Je ne saurais assez donner d'explications sur la Coupe, d'autant plus qu'elle a besoin d'être raisonnée d'une manière claire et précise, étant extrêmement minutieuse dans son exécution. Elle a contr'elle le mystère qu'en ont fait tous les Maîtres Tailleurs jusqu'à ce jour, qui lui a enfanté des préjugés et autorisé même la prévention qu'ont les jeunes gens de cet état, en faveur de la nouvelle mode; mais j'espère qu'ils reviendront de leur erreur, en leur traçant la marche que nous y avons tenue jusqu'à présent, et qu'elle donnera à tous les Maîtres Tailleurs la facilité de bien apprécier l'utilité de ce que j'avance.

Jusqu'ici tous les Tailleurs coupent des Habits, ou, pour mieux dire, tous ceux qui savent coudre se mêlent de couper; mais personne d'eux n'a voulu se donner la peine d'assujétir cette Coupe à un réglement, ni donner aucun développement à ses Confrères des remarques qu'il a pu faire en coupant, pas même le Père qui destine son Fils à l'état; de manière qu'en lui cédant son établissement, on ne trouve en lui qu'un Couseur au lieu d'un Tailleur-Coupeur. Comment peut-il le devenir, si on ne lui a pas montré cette Coupe, qui est le mobile de l'état, et de sa réputation? S'il coupe, il ne coupe qu'idéalement; il se met l'esprit à la torture pour saisir la mode du jour : cette Déesse immortelle qui ne vit qu'en se montrant sans cesse sous de nouvelles formes qui opèrent nécessairement des variations dans la mise, et occasionnent des changemens aux Habits qu'elle a faits.

Les Enfans de Tailleurs et les Ouvriers, pour peu qu'ils aient du goût, prêtent donc toute leur attention à se mettre au fait de la modedu jour. Pour y parvenir, que font-ils? les premiers quittent la maison paternelle pour aller acquérir ailleurs des connaissances que leurs parens leur refusent, se réunissent à des Ouvriers intelligens, et vont travailler chez les Maîtres Tailleurs les plus en vogue, d'où sortent les nouvelles modes, pour les connaître et les avoir de la première main. Ils prennent un Modèle de la maison où ils travaillent : ce Modèle leur tient lieu de tout ; quand ils le possèdent, ils se persuadent que ceux qui les ont dévancés dans la Coupe n'ont plus rien à leur apprendre. Cependant, dans quel embarras ne se trouvent-ils pas quand il s'agit de couper, avec le même Modèle, des Habits de différentes grosseurs, et d'habiller des hommes voûtés ou renversés? C'est facile à concevoir : on ne désire pas ce que l'on ne connaît pas. Jusqu'à ce jour, on ne leur a donné aucunes notions des principes et des règles à suivre en pareille opération ; personne ne leur a dit : « C'est comme cela que vous devez vous » y prendre pour passer d'une grosseur à » une autre avec ce Modèle. » Chacun suit la route qu'il s'est tracée, et croit ainsi en savoir autant et même plus que ses Confrères. Ah! quelle erreur!

Beaucoup de Maîtres Tailleurs n'y portent pas plus de connaissances. Ils se procurent, de chez un de leurs Confrères, un Modèle de la mode, toutes les fois qu'elle change, et ils vont à peu près pour les proportions ou changemens de grosseurs des hommes, *le tout va comme je te pousse,* sans s'occuper de la structure des personnes qu'ils habillent. Aussi voit-on des hommes mal habillés, malgré qu'on retouche leurs Habits, qui souvent même sont tout-à-fait gâtés et par conséquent nullement mettables.

Je suis persuadé que ce que j'écris sur l'état, les décidera à y prendre plus de connaissances; ayant eu l'amour du travail, je me suis mis à même, par l'expérience-pratique, de leur offrir le résultat de mes longues veilles. La Méthode que je leur soumets, m'a appris à bien connaître l'augmentation et la diminution que je devais donner à la Coupe de chaque Habit, en partant du Modèle qui me servait de Talon, suivant la grosseur de la personne que j'avais à habiller, et elle m'a évité d'avoir recours au poignard (terme de l'état, qui veut dire découdre un Habit de manière à pouvoir le recouper en cas qu'il n'aille pas bien).

En conséquence, je crois me rendre utile en développant mes principes. Je suis bien loin de me flatter de la réussite de mon entreprise; mon ambition sera bien satisfaite si j'aplanis quelques difficultés à ceux qui l'exerceront après moi. Peut-être que ce que j'avance éveillera l'émulation de quelques autres Confrères, et les portera à publier les observations qu'ils y auraient faites, ou qu'ils y feront. Par exemple, mon amour-propre serait flatté si j'étais assez heureux pour faire apprécier cet état de Coupeur tel qu'il doit l'être : car on ne saurait le comparer à tout autre état, et je n'en connais point de plus agréable, en raison des variations qu'il produit pour bien exécuter et appliquer les modes, sans compter la nouveauté des étoffes qu'on y emploie et la facilité qu'il donne d'être toujours bien habillé, et par le rapprochement qu'il y a de la Coupe avec le Dessin.

Tous ces avantages réunis méritent bien que l'on fasse quelques frais pour apprendre l'art de la Coupe de l'Habillement, afin que l'on puisse y porter encore plus de perfection, comme vous voyez qu'on l'a fait depuis qu'on se sert de Modèle, ce qui a fait faire d'immenses progrès à l'art de couper. Je pense donc que les jeunes gens qui se destinent à l'état de Coupeur se donneront la peine de l'apprendre par principes, pour l'exercer avec avantage, et ils l'emporteront, assurément, sur ceux qui le feront idéalement, en mettant plus de précision dans leur Coupe, qui leur donnera la facilité de satisfaire le goût de toutes les Pratiques, chose qui est le mobile de l'état. Vous trouverez aussi dans cette manière de couper une grande expédition et l'économie de vos marchandises. Voilà qui mérite votre attention. Non-seulement vous devez apprendre à raisonner les grosseurs variées de tous les hommes, d'après mon système, mais vous devez aussi vous faire montrer par quelqu'un versé dans l'art de la Coupe, à tourner le Modèle pour couper l'Habit d'une personne qui se tient voûtée ou cambrée, etc., etc. Il faut vous appliquer, en travaillant, à bien apprécier les différentes postures et structures des hommes, comme je vous l'explique dans mon Ouvrage; si vous voulez atteindre la perfection de la Coupe, vous devez aussi ne pas négliger de parvenir à écrire couramment pour vous emparer tout-à-fait du commerce détaillé de la draperie.

L'état de Tailleur s'est élevé au point qu'il me paraît que ces deux états doivent marcher ensemble. Le premier pas en est fait, il n'y a plus qu'à suivre la route qu'on nous a tracée, qui est travail et sagesse.

Le vulgaire me dira peut-être que je me flatte comme font les innovateurs, et qu'il est impossible de régler la Coupe des Habits. L'on me dira aussi que toute Coupe habille : je suis grandement de cet avis, c'est ma doctrine; la vilaine Coupe, ou pour mieux dire le Modèle, ou l'Habit qui se trouve coupé sans grâce, n'empêche pas l'Habit de bien aller, pourvu que le corps de l'homme que vous lui présentez se trouve en concordance avec l'ampleur que vous avez donnée à son Habit. C'est ce que j'ai réglé dans mes calculs et proportions.

Cependant, quoique toute coupe habille, vous devez donner tous vos soins à la Coupe de vos Modèles. J'ai vu moi-même que certains Habits avaient plus de grâce les uns que les autres, coupés avec les mêmes modes; mais cette dissertation ne peut se faire que sur vos tables à couper, le crayon en main. Beaucoup de gens, et surtout les Commençans, confondent la Coupe en accordant tout au Modèle. Ils se trompent, le Modèle y est bien de toute utilité pour rendre les formes que vous voulez donner aux Habits; mais il n'est qu'accessoire à la Coupe pour vous servir de Talon; quand vous coupez des Habits d'une grosseur différente, il vous guide pour donner toujours avec exactitude les mêmes modes à tous les Habits que vous coupez à l'aide de ce Modèle.

Le grand talent d'un bon Coupeur est de donner des formes élégantes à son Modèle et de passer dans toutes les grosseurs des hommes, en conservant très-exactement les formes de son Modèle, et le tournant selon que la personne se tient, soit voûtée, soit renversée, etc., et lui donnant l'ampleur juste que la grosseur de l'homme exige et en transportant plus d'ampleur au derrière si la personne a les épaules rondes, et l'inverse si la personne a la poitrine large.

Ce que je vous offre n'est ni modes, ni formes nouvelles à donner à vos Modèles, ni à vos Habits. Le temps use toutes les modes, et ce que je vous présente les suivra et se liera toujours avec celle du jour. Ce sont tout simplement des proportions raisonnées avec toutes les grosseurs des hommes, qui s'adapteront à toutes les formes qu'il vous plaira de donner à un Habit et à vos Modèles pour les régler; plus à vous démontrer à transporter l'ampleur, soit par-devant, soit par-derrière, selon que la personne se tient. Je sais qu'il est très-difficile d'être exempt de prévention pour ce que l'on a créé, et à l'avenir je laisserai raisonner ceux qui feront usage de mes principes. Je ne prétends point critiquer ni blâmer mes anciens Confrères sur leur savoir-faire. On peut être bon Ouvrier sans être obligé d'innover. L'innovation, dans la partie où on nous place, est réservée à un petit nombre de personnes douées par la nature d'un grand amour du travail : c'est la seule chose qui puisse les récompenser de leurs peines; bien loin d'être répréhensibles à vos yeux, elles n'en deviennent que plus recommandables en vous communiquant leurs découvertes.

Je ne me flatte pas non plus d'être plus

adroit que mes Confrères dans la Coupe; je vous dirai seulement qu'il est temps d'assujétir cette Coupe à quelques principes qui vous aideraient à acquérir les connaissances nécessaires pour y travailler avec sûreté, puisque ceux que chacun y puise ne proviennent que de son intelligence et de son travail personnel. L'on me dira qu'avec de l'intelligence et l'habitude continuelle de couper, on peut bien habiller sans avoir recours à aucun principe : j'en conviens; mais que de peines ne se donne pas celui qui commence à couper des Habits, pour y porter quelques connaissances, sans être jamais bien sûr de ce qu'il fait; combien ses progrès sont lents; si quelquefois il y réussit, il se persuade qu'il a atteint la perfection, et se flatte de son savoir-faire : voilà bien l'incrédulité de quelques Confrères.

En effet, il n'y a que les plus intelligens qui parviennent à bien habiller en coupant souvent; mais dans quel labyrinthe de peines ne tombent pas les Tailleurs qui passent de la Couture à la Coupe pour arriver à un certain degré de perfection, puisque leur intelligence n'est appuyée sur aucun principe! Aussi, pour réussir à bien habiller, ils sont souvent obligés de retoucher leur ouvrage. Il est impossible que cela soit autrement; et si bien que le Coupeur soit exercé à la Coupe des Habits, l'augmentation d'une grosseur à l'autre devient trop minutieuse dans des endroits, pour qu'il s'y trouve souvent juste; aussi, voit-on le même Tailleur habiller deux fois la même personne, et lui donner une fois un Habit juste et l'autre fois un Habit aisé, coupé avec la même mesure. Quoique vos yeux soient habitués à raisonner les différentes grosseurs que votre mesure vous donne d'une personne à l'autre, il est impossible d'y être toujours juste; la grosseur d'un homme à l'autre devient trop sensible à la Coupe pour être reconnue à la vue.

Mais la plus grande difficulté que vous devez trouver dans la Coupe des Habits, et même ce que je regarde comme impossible, sans y retoucher, c'est d'habiller deux hommes de la même grosseur, l'un ayant les épaules rondes et l'autre la poitrine large. Pour que ces Habits soient bien coupés, ils demandent la même ampleur dans leur entier ; mais il faut, pour la personne qui a les épaules rondes, transporter de l'ampleur de devant au derrière, et faire des emmanchures plus grandes; et pour celle qui a la poitrine large, la transporter du derrière au devant, et faire des emmanchures plus petites; alors comment le faire avec justesse, si quelque chose ne vous démontre les changemens que vous y faites?

Je joins à mon Ouvrage un Tableau qui vous indiquera comment je m'y pronais pour régler mes changemens d'ampleur du devant au derrière, ce qui m'a toujours réussi. Il faut que votre intelligence et votre expérience fassent disparaître ces grandes difficultés; mais aussi vous ne devez pas être surpris de retoucher souvent les Habits qui demandent ce changement d'ampleur, puisque vous n'avez aucun guide pour le faire.

En vous servant de mes Comptes-faits, vous apprécierez tout ce que j'ai l'honneur de vous dire, et vous vous étonnerez d'y avoir si souvent réussi, d'après votre seule intelligence.

Tout Tailleur qui me lira et qui voudra se donner la peine de prêter attention à tout ce que je dis sur son état, et qui le fait avec quelque connaissance, saisira mon raisonnement. Quant à ceux qui s'obstineront à toujours couper idéalement, mes observations leur seront encore d'une grande utilité, pour donner de la grâce à leurs Habits. Je suis loin cependant de demander leur approbation ; je les laisse se glorifier de leur prétendu savoir-faire ; je leur dirai seulement que c'est à un Habit bien fait, et qui a de la grâce, qu'on reconnaît un bon Coupeur. En un mot, il faut que l'Habit augmente la tournure de l'homme qui le porte, quelle que soit sa construction ; voilà mon système et mes principes.

Puisse l'exécution de mon projet remplir le but que je me suis proposé, qui est de me rendre utile à mes anciens Confrères, éviter bien des peines et des désagrémens à ceux qui commencent la Coupe, et les conduire à la perfection s'ils ont quelqu'intelligence.

Messieurs, la perfection que vous y porterez est une recommandation que vous ne sauriez trop apprécier ; elle se renouvellera à tout moment par la bonne façon des Habits que vous livrerez à vos

Pratiques, qui se feront un vrai plaisir de vous produire, si elles sont contentes ; et cette recommandation infaillible vous fera toujours arriver à votre but.

Mes Comptes-faits à la suite du Tableau dessiné, pour l'augmentation ou la diminution à faire, pour couper un Habit plus grand ou plus petit, avec le même Modèle, ou pour dessiner, si vous le désirez, toutes les Coupures en leur entier, sur le papier ou sur le drap, pour vous rendre compte de votre travail, comme je l'ai fait moi-même.

Tous les Tailleurs apprécieront les avantages de cette manière de couper; mais ils doivent aussi observer que je débarrasse leur état d'un grand nombre de Modèles qui nous débordaient, et que nous avions peine à nous y reconnaître, et qu'il nous fallait y faire encore des changemens quand la Mode changeait ou que la Personne grossissait, et qu'à présent on peut s'en passer.

A l'avenir vous n'aurez besoin dans l'état que d'un Modèle pour chaque genre d'Habits que vous voudrez couper, et à l'aide de mes Comptes-faits et d'un petit Compas, vous tracerez sur le drap, en quelques minutes, l'Habit que vous voudrez couper, avec autant de facilité et de précision que si vous aviez un Modèle pour chaque Pratique.

Cet Ouvrage est indispensable à tous les Tailleurs qui voudront couper avec facilité, précision et promptitude, et n'avoir plus de poignard (terme de l'état).

Ce Tableau dessiné vous représente treize Modèles ou Habits à couper, pour que tous les Tailleurs apprécient les avantages et la précision de mon travail; ils verront aussi comment ils doivent opérer à la Coupe des Habits pour bien y reproduire leur Modèle et y conserver l'aplomb.

TABLEAU DE COUPE D'AUGMENTATION.

Vous partirez de la grandeur de votre Modèle, qui sera réglé pour un homme de 460 millimètres. En suivant toutes les colonnes d'augmentation, en coupant et en comptant double comme la mesure, vous arriverez à soixante-six centimètres, dernière proportion.

460 millimètres, grosseur de l'homme, pour Modèle et Talon.

Période de la grosseur des hommes en augmentant.	Augmenter les dos à l'écarrure.	Augmenter les devants à la poitrine.	Otez aux creux des emmanchures.	Allonger les Epaulettes.	Allonger les encolures pardevant.	Augmenter les manches.
Millimètres.	Millimètres.	Millimètres.	Millimètres.	Millimètres.	Millimètres.	Millimètres.
460	Modèle.	Modèle.	Modèle.	Modèle.	Modèle.	Modèle.
480	7	13	6	6	12	6
500	14	26	13	13	25	13
520	21	39	19	19	38	19
540	28	50	26	26	49	26
560	35	60	32	32	59	32
580	42	70	39	39	69	39
600	49	78	45	45	77	45
620	56	87	52	52	86	52
640	63	94	58	58	92	58
660	70	99	65	65	96	65

TABLE DE COUPE DE DIMINUTION.

Vous partirez de la grandeur de votre Modèle, qui sera réglé pour un homme de 460 millimètres. En suivant toutes les colonnes de diminution, en coupant et en comptant double comme la mesure, vous arriverez à vingt-deux centimètres première proportion.

460 millimètres de grosseur de l'homme pour Modèle.

Période de la grosseur des hommes en diminuant.	Diminuer le dos à l'écarrure.	Diminuer le devant à la poitrine.	Mettez au creux de l'emmanchure.	Raccourcir les épaulettes.	Diminuer les encolures pardevant.	Diminuer les manches.
Millimètres.	Millimètres.	Millimètres.	Millimètres.	Millimètres.	Millimètres.	Millimètres.
460	Modèle.	Modèle.	Modèle.	Modèle.	Modèle.	Modèle.
440	7	13	6	6	12	6
420	14	26	13	13	25	13
400	21	39	19	19	38	19
380	28	52	26	26	51	26
360	35	65	32	32	64	32
340	42	78	39	39	77	39
320	49	91	46	46	90	46
300	56	104	53	53	102	53
280	63	117	60	60	115	60
260	70	130	68	68	128	68
240	77	143	74	74	240	74
220	84	156	81	81	152	81

INTRODUCTION

DU

TRAITÉ RAISONNÉ.

La curiosité naturelle à l'homme et peut-être la manie de vouloir marcher dans un sentier nouveau, ont porté mon imagination à vous tracer dans cet Opuscule la route à prendre pour obtenir de grandes facilités à exercer votre état. Plus entreprenant que mes devanciers, je vous livre mes observations avec des Comptes-faits, bien raisonnés, de ce que vous devez augmenter à la Coupe de chaque Habit avec le même Modèle, comme vous l'expliqueront lesdits Comptes-faits, et mes dissertations sur les différentes structures et postures que j'ai saisies en travaillant; ils vous donneront de grandes facilités à bien habiller. Non - seulement mon travail sera utile à tous les Tailleurs, mais il sera encore d'un grand secours à ceux qui commencent la Coupe. Avec cette théorie, jointe à la pratique, je me persuade que vous arriverez à perfectionner la coupe. Plus vous le ferez avec sûreté, plus le Public y gagnera d'être bien habillé.

Cependant, je prie les Personnes qui me liront et qui se donneront la peine de suivre les principes que j'ai l'avantage de leur tracer, de ne point s'imaginer qu'il n'y ait qu'à les suivre pour toujours bien habiller. Sans doute cela les aidera beaucoup, mais il leur faut de la pratique pour arriver à la perfection de la Coupe. Je laisserai sans doute beaucoup à faire à ceux qui viendront après moi; mais cet état entraîne avec lui tant d'observations, qu'il me serait impossible de les décrire toutes, sans compter celles qui échappent à mon intelligence. Ainsi, malgré tout ce que je vous dirai et que je vous montrerai, si vous avez du goût pour l'état et de l'intelligence, la pratique vous procurera toujours de nouvelles remarques.

En voici un exemple : Il se présente une personne pour se faire habiller; non-seulement vous devez, en lui prenant mesure, saisir avidement comme elle se tient, sa structure et sa posture; mais vous devez encore régler, en votre idée, jusqu'à quel point cette personne se tient voûtée ou renversée, et vous le rappeler quand vous coupez son Habit. Cette remarque que vous avez faite doit vous guider pour tourner votre Modèle, qui vous sert de Talon, afin que son Habit se trouve coupé assez droit ou assez renversé, suivant qu'elle se tient, pour que l'Habit tombe bien selon la mode que vous devez lui donner.

Vous devez bien vous appliquer à connaître le goût de la personne que vous habillez, et bien saisir tout ce qu'elle vous demande. Il faut que votre goût se lie avec le sien, pour le contenter en lui donnant la mode que vous jugez pouvoir lui convenir, suivant son âge, sa mise et son état.

Vos yeux doivent aussi apprécier, quand vous prenez mesure d'un Habit bourgeois, si la personne que vous avez à habiller a le cou très-long ou très-court : les mesures que vous prenez habituellement pour cela ne sont pas souvent fidèles. Pour qu'un Habit soit parfait, il faut y porter bien du soin et une grande attention en prenant la mesure.

Si la personne est grande et maigre, vous devez l'avantager sur sa grosseur, en lui donnant un Habit aisé. Si la personne est trop petite pour sa grosseur, vous devez lui donner un Habit juste pour lui faire ressortir sa taille, ce qui vous sera très-facile en vous expliquant la manière de faire un Habit juste ou aisé, sans qu'il fasse le moindre pli ni grimace.

Si la personne a le cou très-long, il faut le garnir par son Habit. Si la personne a le cou très-court, il faut que son Habit le dégage. Si la personne est extrêmement fendue, la taille et la croisure de son Habit doivent être plus courtes. Vous devez au contraire tenir la taille et la croisure de l'Habit plus longues pour une personne dont le buste est très-long. Faites aussi attention si la personne à qui vous prenez mesure est cambrée, pour lui faire un Habit qui tombe bien par derrière.

Je ne saurais assez vous recommander toutes les observations que je vous ferai plus tard sur tous ces articles; elles demandent toute votre sagacité, si vous voulez donner de la grâce à vos Habits.

Pour conserver vos Pratiques, surtout

ne les habillez pas d'une manière ridicule, en leur livrant un Habit de mode qui ne saurait leur convenir; ne vous laissez pas emporter par votre goût pour la nouvelle mode, comme font quelques Confrères qui mettent tout le monde à la mode du jour, sans considérer l'âge ni l'état de la personne qu'ils habillent.

Je vous donnerai mon avis sur les modes, et vous tracerai la manière dont on doit s'y prendre pour les suivre. Je ne vous parlerai pas dans mon Ouvrage de la taille des hommes, que je crois inutile, en raison que l'homme soit grand ou petit, cela ne change rien à la rotondité de son corps, ni à mes Compte-faits. Vous savez aussi que l'on ne peut pas désigner la longueur d'un Habit sans contrarier les modes, puisqu'on les porte tantôt longs, tantôt courts. C'est le goût de la personne qui doit le porter, et la mode que vous lui donnez, qui doivent vous guider.

Je ne vous parlerai pas non plus de bien d'autres mesures que vous y prenez. La mode et le goût de celui que vous habillez vous obligent de les prendre un peu plus longues ou un peu plus courtes. Ayant exercé cet état moi-même avec quelques connaissances, je croirais embrouiller mon Ouvrage en les passant toutes en revue et en les décrivant. J'ai acquis la certitude, en travaillant, qu'il n'y a rien de si facile que de couper à la longueur d'une mesure qui ne demande aucune division. Mais à la vérité, elle demande d'être prise avec beaucoup d'attention et de précision; et, pour le faire avec quelque facilité et sûreté, vous devez vous servir de la mesure métrique; et si vous y portez attention en la prenant, je vous assure que vous contenterez vos Pratiques.

La Coupe des Pantalons ne présente pas beaucoup de développement; néanmoins je vous donnerai les observations que j'y ai faites.

DES PROPORTIONS RAISONNÉES.

La mesure doit être prise juste à la poitrine et sur le gilet; cette seule mesure vous guide pour régler les proportions. L'ampleur de votre Habit doit être invariable dans son entier; et si vous l'augmentez sur le devant, vous devez la diminuer sur le derrière, à moins que la personne que vous habillez ne soit tout-à-fait difforme.

Pour établir mes proportions, je prends la grosseur d'un enfant à qui l'on commence à faire porter des vêtemens; la rotondité de son corps, prise sous les bras à la poitrine, m'a donné, le moindre que j'aie habillé, quarante-quatre centimètres de rotondité; ployant la mesure en deux, elle me donne vingt-deux centimètres. Voilà la plus petite proportion trouvée. Pour établir la plus grande, je prends un très-gros homme; l'expérience m'a démontré que je devais m'arrêter à cent trente-deux centimètres de rotondité, mesure toujours prise au même endroit; la ployant en deux, elle m'en donne soixante-six. Vous avez donc à parcourir, pour vous procurer tous les vêtemens qui suivront la grosseur des hommes, quarante-quatre centimètres, que je divise en vingt-trois proportions sans compter le Talon. C'est de vingt-deux centimètres à soixante-six, que vous trouverez la facilité d'habiller toutes vos Pratiques; l'expérience me l'a démontré, et il vous sera très-facile de raisonner ce que vous couperez, puisque l'augmentation de vos habillemens marchera avec l'augmentation des grosseurs des hommes; et, en suivant ce système, vous vous rendrez toujours un fidèle compte de ce que vous couperez, à un millimètre près, si vous le désirez.

Ce que je vous propose ne doit pas trouver d'entraves, puisque vous vous servez habituellement d'un Modèle pour la Coupe, qui vous tiendra lieu de Talon. Messieurs, les progrès que vous voyez que l'on a faits dans la Coupe, depuis que l'on a introduit la méthode de se servir d'un Modèle pour nous guider, devaient vous donner l'espérance qu'il se trouverait parmi nous quelque Confrère assez patient et assez ardent au travail pour régler l'augmentation que vous devez donner à chaque partie de l'Habit que vous voulez couper, avec le même Modèle, en raison de la grosseur de l'homme que vous habillez. Voilà ce que j'ai l'avantage de vous présenter ; et, pour que vous ayez plus de facilité à suivre la période de quarante-quatre centimètres dans la Coupe, je vous établirai un compte d'augmentation qui sera de quarante-six centimètres à soixante-six, et un de diminution, qui sera de quarante-six centimètres à vingt-deux, lequel sera facile à suivre. Vous partirez toujours de votre Modèle, qui aura l'ampleur et les formes que vous croirez convenables, suivant la mode ou le genre d'Habillement que vous aurez à couper, pour une personne qui aura quarante-six centimètres, mesure prise, comme je l'ai déjà dit, et vous n'aurez qu'à suivre mes Comptes-faits, en partant de la grandeur de votre Modèle; c'est-à-dire, que vous augmenterez jusqu'à soixante-six centimètres et que vous diminuerez jusqu'à vingt-deux, en suivant mes Comptes d'augmentation et de diminution, selon la grosseur de l'homme.

Je vous ai désigné la grosseur de quarante-six centimètres de l'homme pour faire votre Modèle et vous servir de point de départ, dans mes Comptes d'augmentation et de diminution, parce que cette grosseur vous servira le plus souvent pour la Coupe; les deux tiers de vos Pratiques approchent de cette grosseur.

Toutes les fois que vous voudrez couper un Habit d'un autre genre, qui aura différentes formes, il sera nécessaire d'avoir un autre Modèle pour vous rendre les formes avec exactitude.

Ce Tableau vous présente deux Habits dessinés, prêts à être coupés pour deux personnes de la même grosseur; mais l'une se trouve un peu voûtée, avec les épaules rondes. Vous voyez les changemens que j'ai faits du devant au derrière et aux emmanchures.

L'autre se trouve pour une personne qui a la poitrine large, et se tient renversée. Vous voyez que j'ai transporté de son ampleur du derrière sur le devant, et serré ses emmanchures pour que son Habit lui touche sur les côtés et lui tienne sur les épaules.

Vous ne sauriez trop consulter ce Tableau pour bien habiller les personnes qui ont les épaules rondes et la poitrine large. Pour que vous appréciiez mieux ses effets, je l'ai dessiné, la Couture du côté assemblé.

Tous les Tailleurs sentiront que ce moyen de couper les Habits est infaillible, puisque l'augmentation de chaque partie de l'Habit augmente avec la grosseur des hommes. C'est-à-dire, vous prenez la mesure à deux personnes, l'une vous donne trente-deux centimètres de grosseur, vous suivrez la ligne de trente-deux centimètres; l'autre vous en donne vingt-six, vous suivrez la ligne de vingt-six.

Messieurs, quoique la grosseur des hommes doive vous guider pour l'opération de la Coupe, ne croyez pas qu'il vous eût été possible d'augmenter graduellement à la Coupe des Habits, comme le corps de l'homme augmente à la mesure que vous prenez, si je n'avais pas réglé cette grandeur volumineuse qui présente un très-gros homme; j'ai commencé à les réduire à leur juste grandeur par mes dessins; et, si l'on augmentait à la Coupe des Habits comme le corps de l'homme augmente, on ferait des Habits gigantesques pardevant pour les hommes très-gros. Il n'y avait qu'un œil grandement exercé à la Coupe qui pût prétendre à lui donner quelque développement.

Voici mon opération :

Ayant l'œil exercé à la Coupe, j'ai commencé à dessiner vingt-quatre Habits pour des grosseurs fixes, comme je vous le donne dans mes deux périodes; et j'ai pris celui qui se trouvait au milieu de mes vingt-quatre, qui avait quarante-six centimètres de grosseur de l'homme, pour en faire mon Talon; et la distance qu'il y avait de l'une à l'autre de chaque partie délicate qui compose l'Habit dans son entier, j'en ai composé mes Comptes-faits. Voilà l'opération que vous aurez à répéter partiellement avec mes Comptes-faits pour couper vos Habits, en mettant votre Modèle, qui vous servira de Talon, à la place du mien : s'il est coupé juste, vous obtiendrez non-seulement une grande facilité à votre Coupe, mais encore une parfaite réussite dans tout ce que vous couperez.

Pour se servir de mes Comptes de proportions, chaque Tailleur réglera le Modèle qui lui sert à la Coupe, ou il en coupera un à son goût et même à sa mode, s'il le veut. Je vous observe seulement de le régler pour une personne qui aura quarante-six centimètres de grosseur, mesure comptant double comme vous la prenez ordinairement. Ce Modèle doit être coupé pour une personne qui n'aura ni les épaules rondes, ni la poitrine plus large que ne l'ont en général les hommes quand ils se tiennent bien ; et les personnes de l'état qui ont quelque intelligence seront de suite au fait de cette manière de couper. Plus l'homme grossit, quoiqu'il se tienne bien, plus son Habit demande à être coupé un peu plus droit, en raison de son augmentation ; plus il devient petit, plus il demande à être renversé, en raison de sa diminution.

A l'avenir vous n'aurez pas besoin de prendre la mesure de l'écarrure, puisque vous aurez un modèle pour chaque genre d'Habit à couper, qui aura la largeur de l'écarrure qui vous conviendra de lui donner, suivant la mode ou le genre d'Habit qui vous sera agréable de couper pour une personne qui aura quarante six centimètres de grosseur.

Mes Comptes-faits d'augmentation et de diminution vous donneront ensuite, avec sûreté, la largeur de l'écarrure qui conviendra à toutes les personnes que vous voudrez habiller, suivant leur grosseur avec le même Modèle.

Je vous engage aussi, à l'avenir d'écrire en prenant la mesure, à quel degré la personne que vous devez habiller se tient voûtée ou renversée, si elle a le cou long ou court, si elle est cambrée. Ces observations, que vous écrivez à la suite de votre mesure, vous seront d'une grande utilité pour bien habiller, et elles sont indispensables pour celui qui coupera l'Habit sans en avoir pris la mesure.

MESURE MÉTRIQUE.

		Millimètres
Longueur	de la Taille..............	
—	de l'Habit..............	
—	de l'Écarrure au Coude.....	
—	du Coude au Poignet......	
Grosseur	prise à la Poitrine.........	
—	prise au Ventre..........	
Longueur	des Revers..............	
—	d'un Gilet..............	
—	d'une Rédingotte.........	
—	d'un Karrique ou Manteau.	
	Ajoutez pour uniforme....	
—	du Collet...............	
Hauteur	du Collet...............	

OBSERVATIONS.

DE LA GRACE DE L'HABIT

POUR ARRIVER A LA PERFECTION.

Si la personne est grande et maigre, vous devez l'avantager de cinq millimètres et même de dix si elle vous demande un Habit large, à la mesure que vous lui prenez à la poitrine, la comptant double, comme vous la prenez.

Si la personne est grosse et courte, pour sa grosseur vous la diminuerez de cinq millimètres au même endroit, afin de lui faire ressortir sa taille. Cette diminution à l'une et cette augmentation à l'autre, étant divisées sur la totalité de l'Habit, rempliront vos intentions sans faire le moindre pli ni grimace : voilà ce qui m'a toujours bien réussi.

A l'homme proportionné, vous prendrez la mesure juste, comme vous en avez l'habitude, et suivrez mes Comptes-faits des proportions. Ordinairement les personnes qui ont le cou très-long désirent être garnies, en raison que cela leur va très-bien. En coupant l'Habit, vous y mettrez cinq, dix, quinze millimètres de plus sur la hauteur de l'encolure, si la personne a le cou très-long, ayant soin de bien tendre ladite encolure sur la longueur; vous y mettrez, ou vous y ferez mettre un collet plus long qu'à l'ordinaire. Vous ferez entrer à ces Habits vos manches au moignon de l'épaule, plus que vous ne le faites aux autres Habits, pour diminuer la grande largeur que votre épaulette aura. Les personnes qui ont le cou court demandent une opération toute différente; vous vous servirez du moyen opposé à celui ci-dessus.

Si la mode venait de porter les tailles et les revers des Habits très-longs, vous feriez, à l'homme qui est extrêmement fendu, la taille et les revers de son Habit un peu plus courts qu'à celui qui a la même taille et qui n'est pas aussi fendu.

Si, au contraire, la mode venait de porter la taille et les revers des Habits très-courts, vous feriez, à l'homme qui a le buste très-long, la taille et les revers de son Habit un peu plus longs qu'à celui qui a la même taille, et qui n'a pas le buste aussi long.

Je veux bien que vous ne vous écartiez pas de la mode du jour, quand on portera les tailles longues ou courtes, mais je veux aussi que vous consultiez un peu la structure de l'homme que vous devez habiller; car quelquefois la moindre augmentation ou diminution va très-bien aux hommes extrêmement fendus et à ceux qui ont le buste très-long, sans contrarier les modes. Tous les Tailleurs savent que quand l'homme se trouve cambré, son Habit demande qu'on le ceintre un peu à la place des reins pour qu'il n'ouvre pas.

Quand la pratique vous demandera des

manches très-longues, ayez soin, en prenant la longueur, de lui faire tenir le coude très-haut pour la contenter.

DES MODES.

Les Modes sont comme le temps, rien ne peut les arrêter; mais elles ont l'avantage de se reproduire sous des formes nouvelles, et leur naissance est si facile, que rien ne saurait les entraver. Elles naissent souvent d'une convention entre la pratique et son Tailleur, qui a assez d'intelligence pour faire ce qu'on lui demande. Il y a même des Tailleurs qui en créent de leur propre imagination ou qui se les procurent de l'étranger; et la jeunesse, toujours avide de la nouveauté, leur donne la vogue dans le monde.

Aussi, je ne me permettrai pas de m'étendre beaucoup sur les Modes; vous devez les suivre avec attention, elles sont l'âme de votre état ; mais vous devez aussi ne pas vous y attacher, si belles que vous les trouviez, en raison de leurs variations, ni même donner celles du jour à toutes vos pratiques. Votre intelligence doit vous guider à cet égard pour les donner à ceux à qui elles peuvent convenir, sans être ridicules.

Voici comment je me conduisais envers la Mode nouvelle : dès qu'elle paraissait, et qu'elle était adoptée par des personnes à qui je connaissais le bon goût de la mise, je commençais à bien la raisonner, et faisait les changemens qu'elle demandait sur mon Modèle qui me servait de Talon, ou bien j'en coupais un autre de la même grandeur, toujours pour une personne de quarante-six centimètres de grosseur; ensuite, je coupais dessus tous les Habits que je voulais à la Mode du jour. Messieurs, je crois que vous devez suivre cette marche pour vous tenir très-bien au courant des

Modes nouvelles, qui vous deviendront de suite familières en employant le moyen que je vous trace. Mon Ouvrage réfute tout système d'habiller les hommes, sans leur prendre la mesure, comme on a bien voulu nous le dire; cela peut se faire, mais vous travaillez toujours au hasard.

Je dis qu'il est de toute utilité de prendre la mesure pour habiller la personne avec justesse; quelqu'œil pénétrant que puisse avoir le Tailleur pour juger de la grosseur de l'homme qu'il doit habiller, il ne peut la saisir véritablement sans lui prendre la mesure. Cette grosseur a trop besoin de précision pour pouvoir la prendre idéalement. Aussi, je regarde comme impossible de très-bien habiller l'homme sans lui prendre mesure, puisque vous voyez par mes Comptes-faits que deux centimètres d'augmentation à votre mesure font une autre proportion et demandent une autre division à la grosseur de la poitrine. Gardez-vous de confondre le mot proportion avec l'homme proportionné que l'on nous a si souvent vanté sans rien nous donner de positif.

J'entends par le mot proportion, que vous proportionniez ce que vous coupez, en augmentant chaque partie de l'Habit, suivant la grosseur du corps de l'homme que vous habillez. Voilà le mot proportion que je mets en avant.

Messieurs, je crois avoir réglé, d'après mes connaissances, tout ce qui est susceptible d'être réglé à la coupe sans contrarier les Modes. Les confrères qui en voudraient trouver davantage peuvent prendre du papier et de l'encre pour vous en faire part, cela me fera plaisir.

Je me suis expliqué du mieux que j'ai pu sur la grâce à donner à un Habit pour arriver à la perfection; ce sera à vous dorénavant à créer de nouvelles Modes, et d'en soigner les formes à vos Modèles qui vous serviront de Talon: et, en suivant mes règles assurées, soit d'augmentation, soit de diminution, je vous assure que vous contenterez vos pratiques.

La perfection du Pantalon et de la Culotte gît beaucoup dans la précision des mesures que vous prenez, et celle de saisir ce que vous demande la personne que vous culottez. Voici la seule remarque que j'y ai faite; plus je coupais un Pantalon, ou une Culotte, juste, plus je cambrais le derrière, comme vous le verrez au Tableau ci-joint.

Si je voulais couper mon Pantalon, ou Culotte, large du haut, ou si vous l'entendez mieux, en pain de sucre, je les coupais tout droits comme l'indique ledit Tableau. Ces deux Modèles vous guideront plus que tout ce que je pourrais vous dire là-dessus; ne craignez pas de multiplier les mesures que vous prendrez pour couper vos Pantalons et Culottes justes, si vous voulez bien culotter. Tous les Tailleurs savent que pour faire boutonner la

Culotte sur le derrière du genou, on coupe le devant plus large du haut; l'opposé pour la faire boutonner sur le devant.

Ce Tableau représente les formes que vous devez donner à vos Pantalons et Culottes. Le Pantalon qui est dessiné tout droit, convient à toutes les personnes qui vous demandent à être culottées très-largement du haut; il faut leur donner cette forme, pour que la grande largeur fasse bien.

Le Pantalon qui est dessiné avec le derrière cambré, convient à toutes les personnes qui demandent d'être culottées juste, soit du haut, soit du bas, vu que cela procure plus de longueur au derrière et donne plus de facilité de se baisser ou de faire tout autre exercice, sans que la Culotte se déchire, si juste qu'elle soit, et même sans que la pratique se trouve gênée.

FIN.

Par Brevet d'invention,

pour la perfection de la Coupe.

Les Tailleurs qui trouveraient de la difficulté à opérer à la coupe avec leurs modèles patrons et mes comptes faits, je m'offre de les mettre au courant en quelques séances.

Je m'offre aussi de donner des tableaux de coupe en grand, à ceux qui en désireront.

Les petits points qui sont à l'épaulette, à l'encolure et aux emmanchures, forment le modèle dans ces parties, pour rendre le petit tableau plus net.

Echelle de 10 centimètres et 100 millimètres.

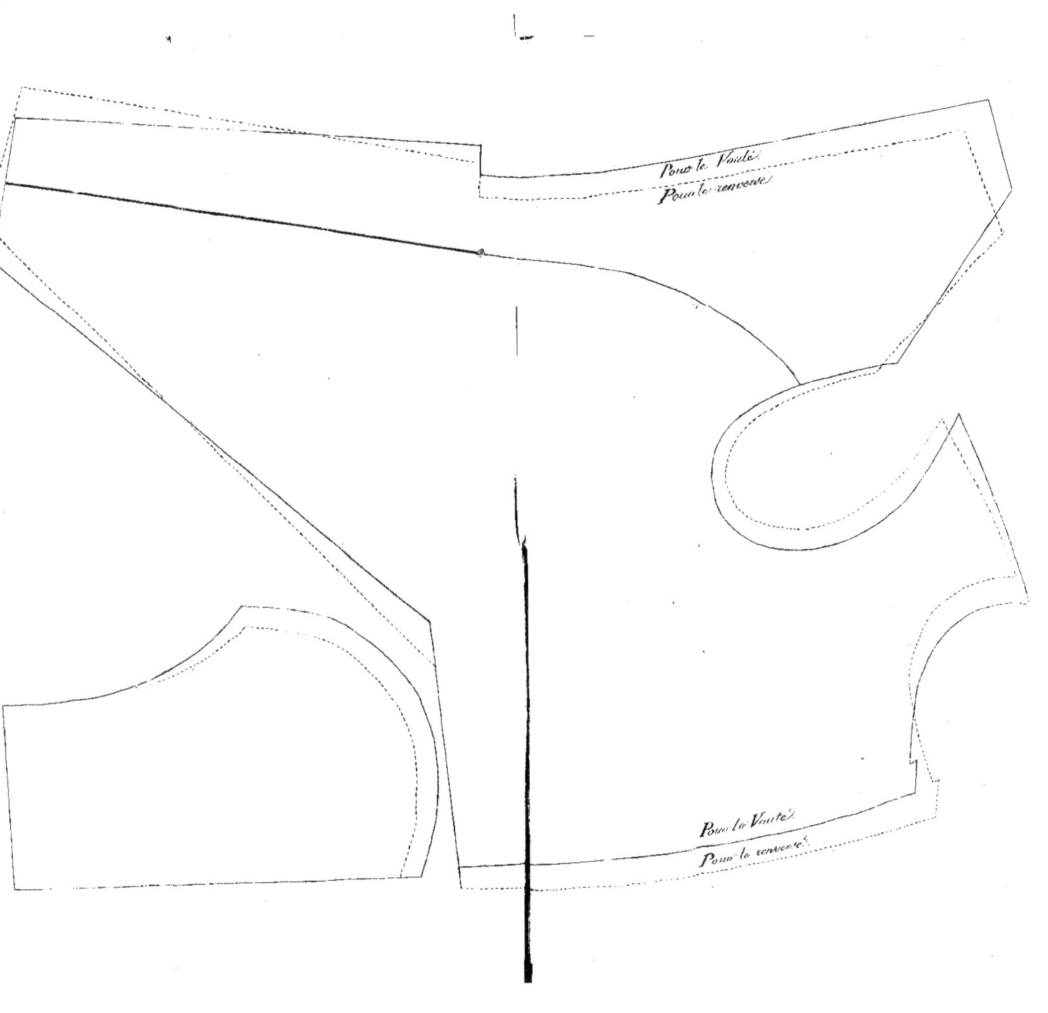

Pour le Voûté
Pour le renversé
Pour le Voûté
Pour le renversé

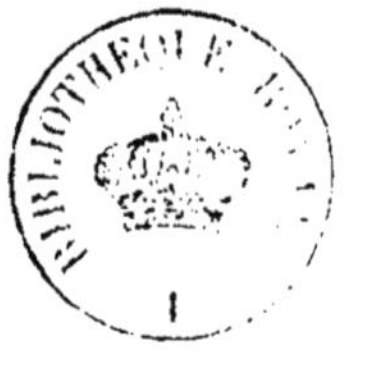

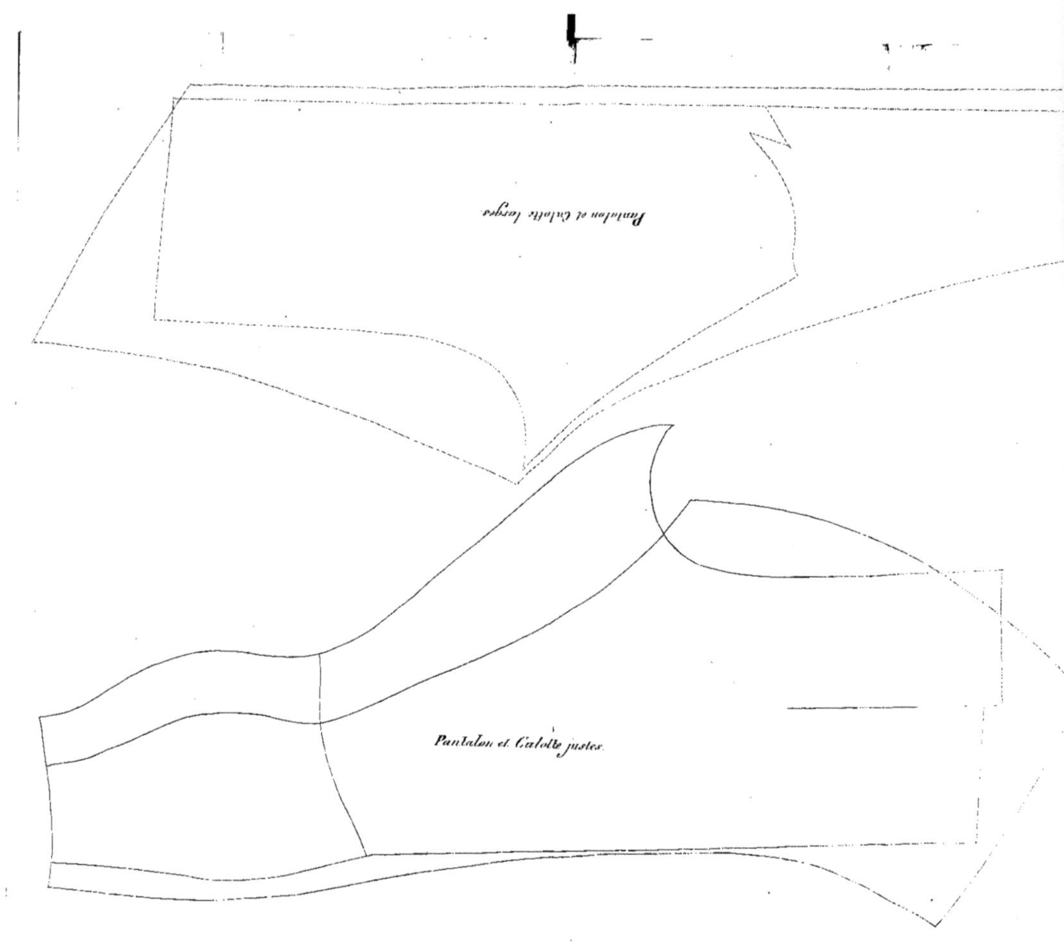

I

www.ingramcontent.com/pod-product-compliance
Ingram Content Group UK Ltd.
Pitfield, Milton Keynes, MK11 3LW, UK
UKHW020417180726
13839UKWH00003B/1338